Ernst Jandl wurde durch seine Sprechgedichte berühmt, die sich ebenso in den Ohren von Erwachsenen wie in denen von Kindern festsetzten: ottos mops will nicht nach Hause, lechts und rinks wird velwechsert, die weile eilt mit feile.

Aber Jandl schleicht dem Wort nicht nur nach, er hält es auch fest, als Wortakrobat und zugleich als gewissenhafter Chronist, so beispielsweise in zwei seiner berühmtesten Gedichte: *schtzngrmmmm* und *wien: heldenplatz.*

Klaus Wagenbach, Verleger der ersten Schallplatte, *Laut und Luise,* hat aus dem Gesamtwerk die schönsten Gedichte ausgewählt: die seltsamen und die tänzerischen, die heiteren und die politischen, die findigen und die flottschen.

Ernst Jandl

einer raus einer rein

Gedichte

Ausgewählt von Klaus Wagenbach

Verlag Klaus Wagenbach Berlin

Inhalt

Untergrundbahn oben 9
Der Knabe und die Straßenbahn 10
Zeichen 11
Wie man Freunde gewinnt 12
etüde in f 14
die tassen 16
schtzngrmm 18
falamaleikum 19
wien : heldenplatz 20
doppelchor 21
eulen 22
zweierlei handzeichen 23
lichtung 24
erfolg beim dritten versuch 25
hörprobe 26
loch 27
darstellung einer beerdigung 28
for the one and only gertrude stein 30
der alte vielfraß 31
anleitung zum totalen frieden 32
ottos mops 34
fünfter sein 35
hosi 36
fortschreitende räude 37
the flag 38
sommerlied 39
an regnenden schatten 40
dingfest 41
wir wollen wissen … 42
im delikatessenladen 43
vater komm erzähl vom krieg 44
hoffnung 45
da kommen sie gelaufen 46
mal franz mal anna (drama) 49
sie sprechen kriegsverbrecher frei 50
rilkes hand 51
kühlschrank 52
das fanatische orchester 53

an einen grenzen 54
der beschriftete sessel 55
geschlechtsumwandlung 56
von einen sprachen 57
von medizinen 58
klos 59
glückwunsch 60
die überwindung 61
der mensch 63
der schnitter 64
die seele 65
von wörtern 66
in die dämmerung 67
die hummel 68
die zwei 69
die stelle 70
der wahre vogel 71
familiensofa 72
selbstporträt, 18. Juli 1980 73
selbstporträt des schachspielers
als trinkende uhr, 24. Juli 1980 75
kommentar 76
an helmut heißenbüttel 77
50/55 78
wissen, sagen 79
anatomisches selbstbildnis 80
treusprüche 81
der einsame freund 82
von deutscher reimkunst 83
postfach 227 84
hört sich schon an die tür kommen 85

Nachbemerkung 87
Lebensdaten 91
Nachweise 93

einer raus
einer rein

diese gedichte sind nicht zum laut lesen
sondern zum sich darein versenken
und die goschen zu halten was ein mund ist
wenn aber die galoschen nicht mehr dicht sind
kann ja in patschen man neben dem ofen sitzen
und sinnend das gedicht betrachten worauf
warme freude einkehren wird in das herz
des poesiefreundlichen stubenhockers
den der schnee nicht dazu verlocken kann
feuchte socken sich zu holen

Untergrundbahn oben

Ich sitze still auf einer Polsterbank
und schaue drei Minuten zwischen Grau und Grau
und Zeitungen, die sich entfalten
und Stehfahrgästen, die lange Stangen in den Händen halten
ins Grüne und ins Blaue.

Ich sitze still auf einer Polsterbank.
Die Welt bewegt mich.

Der Knabe und die Straßenbahn

Immer fährt so ein kleiner
rothaariger Knabe
auf dem Trittroller neben
der Straßenbahn her.
Plötzlich dreht er und fährt
in die andere Richtung
und weiß auf einmal
genau, was er tun muß,
um die Straßenbahn zu überholen,
auch wenn er bloß ein kleiner
rothaariger Knabe
auf dem Trittroller ist.

Zeichen

Zerbrochen sind die harmonischen Krüge,
die Teller mit dem Griechengesicht,
die vergoldeten Köpfe der Klassiker –

aber der Ton und das Wasser drehen sich weiter in
den Hütten der Töpfer.

Wie man Freunde gewinnt

Sie haben eine Tüte mit
Rosinen bei sich
und erwarten dich
im besten Zimmer bei sich
und laden dich ein: bitte
bedienen Sie sich.

Wenn du gegessen hast
von den Rosinen bei ihnen
und du erkundigst dich:
womit kann ich dienen, bitte?
sagen sie:
wie äußerst aufmerksam von Ihnen –
haben Sie
vielleicht ein paar Rosinen bei sich?

Mußt du nein sagen
wird die Verwandlung groß sein:
wir haben uns leider
sehr getäuscht in Ihnen
wozu tragen Sie
Backentaschen bei sich?
Glauben Sie
wir gaben Ihnen zum Naschen Rosinen?

Aber kannst du ja sagen
wird die Verwandlung groß sein:
mit milden Seifen
werden sie dich abwaschen

auf ihren Schultern
werden sie dich durch alle Zimmer tragen
mit süßen Stimmen
werden sie dich fragen:

und gefallen Ihnen
diese schönen Vorhänge, bitte?
und gefällt Ihnen
diese praktische Beleuchtung, bitte?
und finden Sie
diesen Käse nicht hervorragend?
und du wirst Freunde gewinnen
ja sagend.

etüde in f

eile mit feile
eile mit feile
eile mit feile
durch den fald

durch die füste
durch die füste
durch die füste
bläst der find

falfischbauch
falfischbauch

eile mit feile
eile mit feile
auf den fellen
feiter meere

auf den fellen
feiter meere
eile mit feile
auf den fellen

falfischbauch
falfischbauch

eile mit feile
auf den fellen
feiter meere
feiter meere

falfischbauch
falfischbauch
fen ferd ich fiedersehn
falfischbauch
falfischbauch
fen ferd ich fiedersehn
fen ferd ich fiedersehn
falfischbauch
fen ferd ich fiedersehn
falfischbauch
falfischbauch

ach die heimat
ach die heimat
fen ferd ich fiedersehn
ist so feit

die tassen

bette stellen sie die tassen auf den tesch
perdon
stellen sie die tassen auf den tesch
perdon
die tassen auf den tesch
perdon
auf den tesch
perdon

nöhmen

nöhmen

nöhmen sö söch

nöhmen sö söch eune

nöhmen sö söch eune tass

eune tass

donke

donke

eun stöck zöcker

zweu stöck zöcker

dreu stöck zöcker

donke

zörka zweu stöck

zöcker

follen

follen

hünuntergefollen

auf dön töppüch

neun

nur dör hönker üst wög

pördon

bötte bötte

Schtzngrmm
schtzngrmm
t–t–t–t
t–t–t–t
grrrmmmmm
t–t–t–t
s —— c —— h
tzngrmm
tzngrmm
tzngrmm
grrrmmmmm
schtzn
schtzn
t–t–t–t
t–t–t–t
schtzngrmm
schtzngrmm
tsssssssssssss
grrt
grrrrrt
grrrrrrrrt
scht
scht
t–t–t–t–t–t–t–t–t–t
scht
tzngrmm
tzngrmm
t–t–t–t–t–t–t–t–t–t

scht
scht
scht
scht
scht
grrrrrrrrrrrrrrrrrrrrrrrrrrrr
t–tt

Falamaleikum
falamaleitum
falnamaleutum
fallnamalsooovielleutum
wennabereinmalderkrieglanggenugausist
sindallewiederda.
oderfehlteiner?

wien : heldenplatz

der glanze heldenplatz zirka
versaggerte in maschenhaftem männchenmeere
drunter auch frauen die ans maskelknie
zu heften heftig sich versuchten, hoffensdick.
und brüllzten wesentlich.

verwogener stirnscheitelunterschwang
nach nöten nördlich, kechelte
mit zu-nummernder aufs bluten feilzer stimme
hinsensend sämmertliche eigenwäscher.

pirsch!
döppelte der gottelbock von Sa-Atz zu Sa-Atz
mit hünig sprenkem stimmstummel.
balzerig würmelte es im männechensee
und den weibern ward so pfingstig ums heil
zumahn: wenn ein knie-ender sie hirschelte.

doppelchor

es mann spielst unser frauen mit nur schilfharfe
gehst ans fingerspitzen und vorbei es.
es frau spielst unser männer mit nur klarinettich
knopfst an und bläst ein immer lied aus es.
es mann spielst unser frauen mit nur momentharmonika
sperrst um und pfeifst schlüsselrüssel.
es frau spielst unser männer mit nur es violinerin
stellst an diriganten hin und wickelst den orchaster aus.

eulen

bist eulen
ja
bin eulen
ja ja
sehr eulen

bist auch eulen
ja
bin auch eulen
sehr eulen
ja ja

will aber nicht mehr eulen sein
bin schon zu lang eulen gewesen

will auch nicht mehr eulen sein
bin auch schon zu lang eulen gewesen

ja
mit dir da
mit dir da auch
bin nicht mehr eulen ja
bin nicht mehr eulen auch
ja ja
ja ja auch

doch wer einmal eulen war
der wird eulen bleiben immer
ja

ja ja

zweierlei handzeichen

ich bekreuzige mich
vor jeder kirche
ich bezwetschkige mich
vor jedem obstgarten

wie ich ersteres tue
weiß jeder katholik
wie ich letzteres tue
ich allein

lichtung

manche meinen
lechts und rinks
kann man nicht
velwechsern.
werch ein illtum!

erfolg beim dritten versuch

<table>
<tr><td rowspan="2">er versucht</td><td>sich durch den</td><td rowspan="2">jakopfgen</td></tr>
<tr><td>eine kugel zu</td></tr>
<tr><td rowspan="2">er versucht</td><td>sich durch den</td><td rowspan="2">jkaogpefn</td></tr>
<tr><td>eine kugel zu</td></tr>
<tr><td rowspan="2">er jagt</td><td>sich eine</td><td rowspan="2">kkuogpefl</td></tr>
<tr><td>durch den</td></tr>
</table>

hörprobe

1

höherhören
höherhören
höherhören
höherhören
höherhören
höherhören
höherhören
höherhören
höherhören
höherhören

2

höhere hören
und daumen

höhere daumen
und hören

höhere hören
und höhere daumen

meine höheren daumen
meine höheren hören

3

kennen sie mich herren
kennen sie mich herren
kennen sie mich herren
meine damen und herren

Loch
loch
loch doch
so loch doch
so loch doch schon
so loch doch
loch doch
loch

üch loch müch kronk

darstellung einer beerdigung

er hat sehr geschmiert und bekommt heute nichts aufs brot
zweimal jährlich spricht er sehr geläufig
ab zwei wurde sehr gesoffen
die form hat seinem gaumen sehr geschmeichelt
keiner war sehr gereizt
jetzt müssen alle sehr gelassen bleiben
wo bleiben hat der vater sehr gejammert
das telefon hat sehr geklingelt
wieviel magen fragte er sehr gefaßt
bei ihm ist sie sehr geborgen
herr wolf hat es früher sehr getrieben
alles griff sich sehr gedrängt an
unter tränen wurde sehr geklatscht
das hörte sich sehr geschwollen an
der stärkste charakter hat sehr geschwitzt
der himmel hat sehr gefallen
der duft war sehr geschwind
der vater ist sehr gefragt
der säugling hatte sehr gefleht
selbst wer sehr gelobt wird fällt hinein
der vater hat auf dem tisch sehr gegrollt
das rebhuhn hatte sich sehr geirrt

um die särge irrt ein rebhuhn
sieht er auf dem tisch särge grollt der vater nicht mehr
wer särge lobt fällt selbst hinein
um särge fleht der säugling
gibt es särge fragt der vater
im duft der särge schwind ich hin

särge fallen vom himmel
beim tragen schwerer särge schwitzt der stärkste charakter
die särge schwollen an
auf die särge klatscht die träne
an särge drängt sich alles
die härtesten särge trieben wir durch den wolf
komm särge borgen
wieviel särge faßt ein menschlicher magen
statt der särge klingelt das telefon
wo bleiben die särge jammert der vater
einst müssen alle ihre särge lassen
daß mir keiner die särge reizt
die form der särge schmeichelt dem gaumen
zwei särge soffen ab
zweimal jährlich sind särge läufig
särge schmiert man nicht aufs brot

for the one and only gertrude stein

eine rose ist eine rose ist eine rose
aber eine frau?

ein riese ist ein riese ist ein riese
aber eine frau?

ein stein ist ein stein ist ein stein
aber eine frau?

eine frau ist eine frau ist eine frau
aber eine rose?

der alte vielfraß

steht schon mit einem fuß im grabel
hält noch im handel einen gabel

anleitung zum totalen frieden

wer
will
sagen
gehn

den
mußt
stumm
machen

wer
will
hören
gehn

den
mußt
taub
machen

wer
will
sehen
gehn

den
mußt
blind
machen

wer
will
laufen
gehn

den
mußt
lahm
machen

wer
will
fliegen
gehn

den
mußt
schwer
machen

ottos mops

ottos mops trotzt
otto: fort mops fort
ottos mops hopst fort
otto: soso

otto holt koks
otto holt obst
otto horcht
otto: mops mops
otto hofft

ottos mops klopft
otto: komm mops komm
ottos mops kommt
ottos mops kotzt
otto: ogottogott

fünfter sein

tür auf
einer raus
einer rein
vierter sein

tür auf
einer raus
einer rein
dritter sein

tür auf
einer raus
einer rein
zweiter sein

tür auf
einer raus
einer rein
nächster sein

tür auf
einer raus
selber rein
tagherrdoktor

hosi

anna
maria
magdalena

hosi

hosianna
hosimaria
hosimagdalena

hosinas

hosiannanas
hosimarianas
hosimagdalenanas

ananas

fortschreitende räude

him hanfang war das wort hund das wort war bei
gott hund gott war das wort hund das wort hist fleisch
geworden hund hat hunter huns gewohnt

him hanflang war das wort hund das wort war blei
flott hund flott war das wort hund das wort hist fleisch
gewlorden hund hat hunter huns gewlohnt

schim schanflang war das wort schund das wort war blei
flott schund flott war das wort schund das wort schist
fleisch gewlorden schund schat schunter schuns gewlohnt

schim schanschlang schar das wort schlund schasch wort
schar schlei schlott schund flott war das wort schund
schasch fort schist schleisch schleschlorden schund
schat schlunter schluns scheschlohnt

s ——— c ——— h
s ——— c ——— h
schllls ——— c ——— h
flottsch

the flag

a fleck
on the flag
let's putzen

a riss
in the flag
let's nähen
where's the nadel

now
that's getan
let's throw it
werfen

into a dreck

that's
a zweck

sommerlied

wir sind die menschen auf den wiesen
bald sind wir menschen unter den wiesen
und werden wiesen, und werden wald
das wird ein heiterer landaufenthalt

an regnenden schatten

»ich lehne
gewisse dinge instinktiv
ab«
ist das grab
mancher unserer debatten.
dabei dehne
ich die auseinandersetzung über themen wie
sind kommunisten menschen, will
der mensch veränderung, oder empfiehlt
sich freundschaft mit dem geschiedenen gatten
unermüdlich in die länge, bis die themen
einschneidend sind wie der telegrafendraht
mit dem henri rousseau den himbeergeschmack
der idyllischen landschaft neutralisierte.
meist lehne
ich am ende solcher debatten
wie ein vergeblicher strahl durch wolken
schief an regnenden schatten.
die sonne hat keinen instinkt.
ich sehne
mich nach klaren tagen.

dingfest

auf einem stuhl
liegt ein hut.
beide
wissen voneinander
nichts.
beide
sind
so dingfest.

Wir wollen wissen wo wir her-
kommen

wer ist unser ur-
ahn unser alt-
vorderer dieses arsch-
loch

damit wir uns ihm ehr-
fürchtig nah'n

damit wir uns ihm ehr-
fürchtig nah'n

im delikatessenladen

bitte geben sie mir eine maiwiesenkonserve
etwas höher gelegen aber nicht zu abschüssig
so, daß man darauf noch sitzen kann.

nun, dann vielleicht eine schneehalde, tiefgekühlt
ohne wintersportler. eine fichte schön beschneit
kann dabeisein.

auch nicht. bliebe noch – hasen sehe ich haben sie da hängen.
zwei drei werden genügen. und natürlich einen jäger.
wo hängen denn die jäger?

Vater komm erzähl vom krieg
vater komm erzähl wiest eingrückt bist
vater komm erzähl wiest gschossen hast
vater komm erzähl wiest verwundt wordn bist
vater komm erzähl wiest gfallen bist
vater komm erzähl vom krieg

hoffnung

in die effnung
vier dein glied ein
glicklich zu sein

glick

glick

da kommen sie gelaufen

wenn ein hund verreckt auf der straße
so ein hund der nur ein haufen dreck ist
da kommen sie gelaufen:
da will jeder etwas wissen
da will jeder etwas besser wissen:
    was man hätte tun sollen.
    was man jetzt noch tun kann.
    was man tun soll mit den leuten
    die ihn hier verrecken lassen
    mitten auf der straße, armes tier.
da kommen die prediger
    die überall sein müssen
    die überall dabei sein müssen
    die überall mitreden müssen.
da kommen die alten weiber
    die immer beten müssen
    die immer rosenkranz beten müssen
    die immer tränen drücken müssen
    aus zitronengesichtern.
ganz langsam verreckt der haufen hund
und der rauch steigt blaß auf
wie von warmem mist
auf gefrorenem pflaster.

wenn ein mensch auf der bank liegt
plattgedrückt, und der kopf hängt über den rand
und der mund tropft in den sand eine rote lache
und die augen sind halb offen und schwarz
von fliegen, und die haut ist ihm zu groß

sein gesicht hat keine wangen, sein rock
eine uniform die keiner mehr anhat
nur einer auf der bank der den atem
lang anhält:
    wenn einer auf der bank so
    den atem lang anhält
kommen sie nicht gelaufen.
da will keiner etwas wissen
da will keiner etwas besser wissen:
    was man hätte tun sollen – aber was nützt das?
    was man jetzt noch – aber jetzt kann man nicht.
    was man tun soll mit den leuten – aber wer sind die leute?
da kommen keine prediger.
    die haben auf einmal wo anders zu tun.
    die müssen auf einmal wo anders reden.
    die sind auf einmal unabkömmlich.
da kommen auch keine alten weiber.
    die müssen ihrem entlaufenen rosenkranz nach.
    die müssen aufs fundamt gehen.
    die müssen sich eine zitrone kaufen.
da will jeder auf die andere seite.
da will jeder rasch weiter.
da muß jeder lauter reden.
da muß jeder auf einmal eine auslage anschauen.

und dann hören sie alle das auto kreischen
und atmen auf.
es gibt noch gelegenheit für mitleidige seelen.
und sie hören alle den hund aufschreien
und atmen auf.
es gibt noch gelegenheit für mitleidige seelen.
und laufen hin und machen einen kreis

um den hund.
und die prediger sind nicht mehr unabkömmlich.
es gibt noch gelegenheit für mitleidige seelen.
und die alten weiber haben den rosenkranz an der leine
und eine zitrone im mund.
und die auslage wird nicht mehr angeschaut und es gibt
noch gelegenheit für mitleidige seelen:
wenn ein hund verreckt auf der straße.
so ein hund der nur ein haufen dreck ist.

der mensch auf der bank bleibt allein liegen.
eine hand streichelt das telefon. der automat
zuckt aber nur verdrießlich die achseln:
    das gehört sich nicht.
aber er wird trotzdem etwas unternehmen.
aber erst zuckt er nur verdrießlich die achseln.
    das gehört sich.

und dann kommt einer und legt auf den mann auf der bank
ein großes stück packpapier.
    das gehört sich.
und dann kommt einer und streut sand auf die rote lache.
    das gehört sich.
und dann stellt sich einer hin.
    das gehört sich.

der wirft den leuten sand in die augen,
    wenn sie vorübergehen.
der verscheucht die vögel,
    wenn sie neugierig näherkommen.
der verscheucht aber nicht die fliegen.
der verscheucht aber nicht die fliegen.

mal franz mal anna (drama)

(akt)
anna an franz:
    anbrannt
franz an anna:
    fasttag

(akt)
anna an franz:
    hals kalt
franz an anna
    schal

(akt)
anna an franz:
    bald alt
franz an anna:
    warts ab

(akt)
anna:
    [kratzt ab]
franz:
    schad

Sie sprechen kriegsverbrecher frei
weil keiner ein ganz schlechter sei

(machtn halt mal mit juden schluß
die man doch nicht vermissen muß)

und alle sagen: österreich
und außerdem: ich komme gleich

rilkes hand

rilkes hand und rilkes hand
an ihm herunterhängend

rilkes hand in rilkes hand
eine in der andern

rilkes hand in der eines andern
grüßend

rilkes hand an rilkes mund
dieser es spürend

kühlschrank

er onaniert
ununterbrochen.
es zittert das ganze haus.

abhilfe:
man schleicht sich an,
reißt die tür auf
– sofort
hört er auf.
man schlägt die tür zu;
einige zeit bleibt ruh.

das fanatische orchester

der dirigent hebt den stab
das orchester schwingt die instrumente

der dirigent öffnet die lippen
das orchester stimmt ein wutgeheul an

der dirigent klopft mit dem stab
das orchester zerdrischt die instrumente

der dirigent breitet die arme aus
das orchester flattert im raum

der dirigent senkt den kopf
das orchester wühlt im boden

der dirigent schwitzt
das orchester kämpft mit tosenden wassermassen

der dirigent blickt nach oben
das orchester rast gegen himmel

der dirigent steht in flammen
das orchester bricht glühend zusammen

an einen grenzen

du sprecken deuts?
sprecken du deuts?
du kennen wolfen biermann?
du kennen reiner kunzen?
sprecken du deuts?
du sprecken deuts?
du sehen meinen passen –
kennen du ernsten jandeln?
ihn du kennen nicht dürfen
du sein guten jungen
wolfen biermann du kennen nicht dürfen
du sein guten jungen
reiner kunzen du kennen nicht dürfen
du sein guten jungen
du kennen dürfen
einzig alleinen
deutsen demokratisen republiken

der beschriftete sessel

für harry & angelika

ich haben ein sessel
stehn JANDL groß hinten drauf
wenn ich mal nicht wissen
sein ich's oder sein ich's nicht
ich mich nur hinsetzen müssen
und warten bis von hinten wer
kommen und mir's flüstern

geschlechtsumwandlung

seien gekommen einen hund in den küchen und gestohlen haben
den kochen einen ei (sollen heißen: ein hoden)
und haben genommen denen kochen ein messern
und haben geschnitten ab den ei numero zwei (sollen heißen: den hoden numero zwei)
und hingeschmissen haben auf den hunden und gebrüllen: DA HABEN DU SAU!
und sich dann den messern gestoßen haben in brusten (sollen heißen: in herzen)
und sich also umgewandelt haben in geschlechten, sollen heißen:
herausgewandelt aus menschengeschlechten überhaupt.
das sein dann gegangen in ein trompeten, und sein so
herausgekommen ein lieden, den wird allen bekannt sein.

von einen sprachen

schreiben und reden in einen heruntergekommenen sprachen
sein ein demonstrieren, sein ein es zeigen, wie weit
es gekommen sein mit einen solchenen: seinen mistigen
leben er nun nehmen auf den schaufeln von worten
und es demonstrieren als einen den stinkigen haufen
denen es seien. es nicht mehr geben einen beschönigen
nichts mehr verstellungen. oder sein worten, auch stinkigen
auch heruntergekommenen sprachen-worten in jedenen fallen
einen masken vor den wahren gesichten denen zerfressenen
haben den aussatz. das sein ein fragen, einen tötenen.

von medizinen

manchen einen der nie haben denken studieren medizinen später in leben seien wollen einen arzten, damit haben zuentritten zu denen diverseren medizinen, den fröherlich machenen psikkofarmaken, auch den des schlafenen machenen barberturatten, und von denen dann haben ein dosen letaligen für nämlich den selber sich wegputzen aus denen schmutzenen augen vom beschissenen welt. aber nicht bevor haben haben allen spaßen nur möglichen mit opiaten wie morfiummen.

klos

klos, sein da wo klos?
du gehn rund den knödel
du dann finden den türen
sein drauf stehn »männeken«
du dort treten innen
du dort finden den rinnen
du machen auf den hos.
du wissen was dann tun?
ja ich wissen was dann tun.
so ich gehn rund den knödel
ich dann finden den türen
sein drauf stehn »männeken«
ich dort treten innen
ich dort finden den rinnen
ich machen auf den hos
ich nix finden darinnen.
rasch ich zumachen den hos
rasch ich treten außen
finden den türen neben
sein drauf stehn »fraunen«
sein ich erstaunen
daß in mein leben das
ich haben können vergessen.

glückwunsch

wir alle wünschen jedem alles gute:
daß der gezielte schlag ihn just verfehle;
daß er, getroffen zwar, sichtbar nicht blute;
daß, blutend wohl, er keinesfalls verblute;
daß, falls verblutend, er nicht schmerz empfinde;
daß er, von schmerz zerfetzt, zurück zur stelle finde
wo er den ersten falschen schritt noch nicht gesetzt –
wir jeder wünschen allen alles gute

die überwindung

für friederike mayröcker

kaum habe er
geschrieben was an diesem einen tag
er schreiben habe wollen

so überkomme ihn
nicht durst nein
trinkenslust

auch wenn es nicht
der tageszeit entspreche
und wenn es nicht

der tageszeit entspreche
fange für ihn
ein scharfer zwiespalt an

am schärfsten spürbar wenn
der tagesplan
noch ein zusammentreffen vorsehe

ausgenommen mit der ihm engst vertrauten
vor der er auch
wehenden alkohols nicht reuig stehe

also versuche er es
mit einem einzigen gläschen
wodka

wobei er ein recht großes
glas benütze
zur verringerung der kontrolle

es aber höchstens
ein drittel fülle
meist etwas weniger

es werde leer
es werde voll
es werde leer

schon fürchte er nicht mehr
treffen mit irgendwem
und aus den händen
lästiges kribbeln
vollends
sei geschwunden

so habe er sich wieder überwunden

der mensch

der mensch hat vieles von dem tier
aber doch nicht alles.
das kann aber vom tier
hinaufgewachsen sein.
schöner ist es aber schon
sich zu denken, daß es von oben kam.
dann muß man sich aber auch denken
daß vieles tief von unten kam
nämlich unterhalb des tieres.
dann hat man gott
aber man braucht auch den teufel.

der schnitter

es ist ein schnitter, der
schneidet brot und gibt
der frau ein stück
und jedem kind ein stück
und ein stück ißt er selber
und dann fragt er
wer hat noch hunger?
und schneidet dann weiter.
einem solchen schnitter
möchtest du wohl gern
einmal begegnen.
außer er sagt zu dir:
komm her, du brot.

die seele

mit der einen hand
der knabe zeigt
nach oben
mit der anderen
auf den frischen
grabhügel
und lacht
wenn der großvater
da unten ist
wie soll er dann
da oben sein

ach ja die seele

von wörtern

erwarte
von wörtern nichts
sie tun es nicht
für dich
sie kommen
gierig
überschwemmen dich
und dein papier
nicht was sie dir
antun
doch was du dem geringsten
von ihnen
angetan
kann
etwas sein

in die dämmerung

ich will nicht aufhören
in die dämmerung hinein
zu schreiben

zeilen die zerfallen
und zeilen die hängenbleiben
eine kleine weile

an einzelnen blättern
in einzelnen büchern
in einzelnen gedächtnissen

so hätte ich mich
gern wiedererlebt
nach den kommenden finsternissen

die hummel

immer wieder er so
dasitze an der
schreibmaschine und
sein wille sei
ohne gedankenkraft
was auch habe der
wille schon mit
der kraft des denkens
zu tun; auch hunde
wollen, auch die hummel
will, die heut
ein frühlingsbote
zu ihm ins zimmer kam
und er versuchte ihr
zu zeigen den weg hinaus
vergeblich, bis sie
selber ihn fand

die zwei

daß diese zwei
beide längst ungetan
den wegwerfkörper
ihm gegeben haben
den er schon mehr
als fünfzig jahre
wälze durch diese
nicht von ihm
gewollte welt
wen wirklich
klage er dafür an
die zwei doch nicht
die ihm das angetan
denn deren frage ging
nach lebens glück
als antwort blieb
von ihnen ungewollt
sein mißgeschick zurück.

die stelle

dahin setze ich mich
um ein gedicht zu machen
da sitze ich
um ein gedicht zu machen
da bin ich gesessen
um ein gedicht zu machen
da ist es entstanden
da ist es mißlungen

der wahre vogel

fang eine liebe amsel ein
nimm eine schere zart und fein
schneid ab der amsel beide bein
amsel darf immer fliegend sein
steigt höher auf und höher
bis ich sie nicht mehr sehe
und fast vor lust vergehe
das müßt ein wahrer vogel sein
dem niemals fiel das landen ein

familiensofa

auf dem familiensofa vielleicht
mit plüsch vielleicht
in vergessenen farben
und einem geschwungenen schwarzen rand aus holz
mit perlmutter eingelegt eine verzierung vielleicht
und es sind darauf gesessen zweifellos
der vater die mutter und das kind
und gewiß auch der großvater von mutterseite
denn gewesen von ihm
sind diese möbel alle
das ganze große mobiliar
wo der vater eingeheiratet hat sozusagen
in den viel früheren tagen.
verstreut zerhackt verbrannt:
kein einrichtungsgegenstand
wird noch bewahrt und verehrt
als von fernher gekommen
über das meer von zeit;
es hat uns alle verschlungen

selbstporträt, 18. juli 1980

es sei mit ihm was los. nein, so genau
wisse er selbst es nicht, spüre jedoch
daß nichts mehr sei wie es gewesen sei.
davon erzählen wolle er eigentlich nicht.
wolle eigentlich überhaupt nichts, wolle aber
auch nicht völlig untätig sein, beschäftige sich
daher nach wie vor mit gedichten, deren
herstellung. auch wenn
kein wort mehr glänze.

...

aus dreckigem glase
jetzo trinke er
das übliche gemisch, nur etwas
mehr mineralwasser, dafür
weniger whiskey, die flasche
beinah leer, und er
nicht willens das haus
um neuen vorrat
zu verlassen; müsse ja
dieses gedicht hier noch
schreiben und absegnen, ehe
er sich an das spiel
mit dem schach-computer mache, seinem
neuesten hausgenoss, bekanntlich
dem einzigen (immerhin
schon dritten, nachdem
den ersten und zweiten
innerhalb rückgabefrist

er verabschiedet habe). dreckig,
das glas, von seinen
schokoladelippen
gestern nachts.
er schon griffe zum strick,
den es im hause nicht gebe, gäbe
es nicht so unmäßig viel
auch noch in seinem alter
zu erleben: schokolade,
whiskey, schach-computer,
nutten – nein, vor diesen
habe er immer sich
gehütet. sich zu hüten
sei überhaupt zeitlebens
seine kunst gewesen.
(er wäre ein genie
gewesen, hätte er
sich selbst ver-
hüten können.)

selbstporträt des schachspielers als trinkende uhr, 24. juli 1980

17 uhr
hinter ihm
laufe sein schach-computer
mit fünfzehn minuten
computing-time pro zug;
dann ertöne
das dünne stimmchen.
je viertelstunde also
er ans tischchen laufe
zur eingabe
binnen sekunden
seines eigenen zuges.
das glas
mit gin tonic
und dem mülheimer stadtwappen
zur erinnerung an eine
große stunde
fülle er
alle 25 minuten
und nehme daraus
alle 4 bis sieben
minuten
gerade einen schluck.
alle zwölf
bis 14 minuten
entzünde er
eine zigarette.
so errichte er
die background-struktur
für sein heutiges gedicht.
17 uhr 7

kommentar

daß niemals
er schreiben werde
seine autobiographie

daß ihm sein leben
viel zu sehr
als dreck erscheine

daß auch nur wenige
punkte, blutige
er noch erinnere

daß aber niemals
er zögern werde
in den dreck zu fassen

um herauszuziehen
was vielleicht
einen stoff abgäbe

für poesie
seinen widerlichen
lebenszweck

an helmut heißenbüttel

ich kenne deinen namen seit
ich habe keinen sinn für zeit

ich kenne deinen anblick seit
ich habe keinen sinn für zeit

ich kenne deine texte seit
ich habe keinen sinn für zeit

was hat dein hiersein je mit zeit zu tun
gegen den schritt der uhr bist du immun

ich gebe mich nicht mit kalendern ab
der schoß der mutter ist zugleich mein grab

ich steck in beidem drin, will nicht heraus
was nie begonnen hat, ist niemals aus

wir kennen beide tote gertrud stein
wer könnte mehr als sie lebendig sein

wer dir die sechzig zählt, die fünfundfünfzig mir
hat dir und mir das metrum falsch gewählt

50 / 55

für klaus wagenbach

daß er wie stets
fünf jahre ihm voraus sei
und daß für ihn
die fünf bis 55
bislang die peinigendsten
gewesen seien
und noch an kein
ende der peinigung
zu denken sei.
daß er ihm dies
zu seinem fünfzigsten
auftische, ganz ohne
zucker, habe mit ihm
nicht mit ihm zu tun
also mit beiden und
mit beiden nicht.
entspreche so
dem zwischen ihnen
geübten gleichgewicht.

wissen, sagen

die musiker mit ihren tönen
wissen was sie sagen
was sie mit ihren tönen sagen
das wissen die musiker
auch die maler mit ihren farben
wissen was sie sagen
was sie mit ihren farben sagen
das wissen die maler
ebenso die bildhauer mit ihren plastiken
wissen was sie sagen
was sie mit ihren plastiken sagen
das wissen die bildhauer
gleichfalls die tänzer mit ihren bewegungen
wissen was sie sagen
was sie mit ihren bewegungen sagen
das wissen die tänzer
schließlich die architekten mit ihren gebäuden
wissen was sie sagen
was sie mit ihren gebäuden sagen
das wissen die architekten
hingegen die poeten mit ihren wörtern
wissen diese was sie sagen
was sie mit ihren wörtern in wahrheit sagen
wissen das jemals die poeten

anatomisches selbstbildnis

zwei brustwarzen stehen mir zur verfügung
verdammt noch mal ich brauch sie nicht
zwei brustwarzen stehen mir zur verfügung
das hat ein anderer getan nicht ich
überhaupt was ich so alles an mir habe
und überhaupt erst das zeug in mir drin
das muß ein affe vergessen haben
ein sehr vergeßlicher affe

treusprüche

ich mag nichts neues
ich mag nur treues
–
nicht neu sondern nah
immer schon da
–
ohne erfahrung
eine deutliche einsparung
–
zu je einem geschlecht
sei ein einziger partner recht
–
lust besteht aus feuchtigkeit
keine lust aus neuigkeit
–
vielleicht die höchste lust:
zu sterben an der mutterbrust
–
das tier mit den zwei hintern
wird das leben leicht überwintern
–
die treue muß ganz billig kommen
dann wird sie willig hingenommen
–
sterbe ich dann gleich auch du
sonst nimmt der drang nach untreue zu

der einsame freund

der einsame freund, das ist jeder
für sich selbst. die gesellschaft der freunde
die stets nur aus einem einzigen besteht, ist ein
wahres
glückszeichen. ich habe keinen
neben mir, vor mir, hinter mir
aber ich bestehe aus freunden, ich bestehe
aus der freundschaft zwischen mir und mir
dem selbstmörder, der dem selbstmörder den
selbstmord vereitelt, indem er ihm das messer
an den strick setzt, der ihn doch halten sollte,
hochhalten, wogegen er zu boden fällt, gerettet
von freundeshand

von deutscher reimkunst

vergeßlichkeit ist eine zierde
doch weiter kommt man ohne sie
–
vergeßlichkeit ist eine zierde
doch manchmal ist sie eine bierde
–
vergiß deine vergeßlichkeit
gelobt sei die verläßlichkeit

postfach 227

wohin gehst?
geh zur post.
woher kommst?
von der post.
was hast tan?
hab geschaut
ob sich mir wer zu schreiben traut.

Hört sich schon an die tür kommen
öffnet von innen sich
lacht sich entgegen
schließt sich in die arme
preßt sich den mund auf den mund
springt an sich hoch als kinder
springt an sich hoch als hund
nimmt die tasche sich aus der hand
hilft sich aus dem mantel
streichelt den kopf sich den kopf sich den kopf
drängt sich um sich mit sich allen ins gute zimmer
erzählt sich allen was draußen alles war
hört sich allen zu wie zuhause alles war
will jetzt lang nicht mehr von sich fort
lobt sich diesen schönen abend

Klaus Wagenbach Nachbemerkung

Dieses kleine Buch ist die Erfüllung eines Traums, der (bereits) fast zwei Jahrzehnte alt ist: So lange schon wollte ich eine Anthologie der mir liebsten Gedichte von Ernst Jandl veröffentlichen, aber immer kam irgendetwas dazwischen. Am Anfang gab es von verschiedenen Seiten Bedenken gegenüber einer solchen Blütenlese, dann wurde der lizenzgebende Verlag (wieder einmal) verkauft, aber schließlich, erst längere Zeit nach dem Tod Ernst Jandls, kam die ersehnte Genehmigung, so daß ich mich an die Arbeit machen konnte, die nun unversehens zu einer Auswahl aus dem Gesamtwerk geworden ist – vom ersten Band *Andere Augen* über *Laut und Luise* oder *sprechblasen* bis zu den *Letzten Gedichten.*

Meine erste Begegnung mit Ernst Jandl (die dann auch zu einer freundschaftlichen Autor-Verleger-Beziehung wurde) habe ich einmal in einer Anthologie zu Ehren seines 65. Geburtstags (1990) beschrieben:

»Im November 1967 veranstaltete Horst Bingel ein Schriftstellertreffen in Frankfurt, das sowohl der Literatur als auch der Revolution dienen sollte, aber eigentlich doch mehr der Revolution, jedenfalls der Revolutionierung des Alltags, und so fand dieses Schriftstellertreffen an mehreren Orten zugleich statt, nacheinander zwar, aber doch förmlich gleichzeitig, jedenfalls habe ich in Erinnerung, daß wir am selben Tag morgens im Saal diskutierten, nachmittags im Rohbau der entstehenden Untergrundbahn an der Hauptwache von den Schriftstellern signierte Holzhocker zugunsten von Vietnam versteigert wurden und am Abend eine Autorenlesung in einer Fabrikhalle der Firma ›Messer Griesheim‹, vor einigen hundert Arbeitern, stattfand, auf Einladung der Gewerkschaft.

Die Schriftsteller zogen – ich schwöre: es ist die Wahrheit! – unter Absingung der Internationale in die Halle, lautstark aber textschwach, was die Arbeiter nicht besonders lustig fanden, die Gewerkschafter schon gar nicht. Zuerst sprach – jede Klasse hat halt ihren Primus, der vor sie hintritt – ein Mitglied des Betriebsrats, dann lasen die Autoren. Ich erinnere mich nur noch an zwei, und zwar deswegen, weil es im Anschluß an die Lesung eine Diskussion gab, an der sich wiederum nur der Betriebsrat beteiligte, der den parteilichen und verständlichen Romanausschnitt von ›Herrn Zwerenz‹ lobte, gegenüber den ›sogenannten Gedichten von Herrn Jodl‹ aber sein Unverständnis erklärte.

Gerhard Zwerenz hatte einen seiner ungeheuer langweiligen, aber krachend gutgemeinten Texte vorgelesen, während Ernst Jandl sichtlich angestrengt, aber mit steinerner Miene seine Poesien in den Saal geschmettert hatte und sich über das regelmäßige Gelächter ebenso wunderte, wie es die Zuhörer hinterher genierte. Über Kunst und andere ernste Angelegenheiten lacht man nicht: atombo, lechts und rinks, schtzngrmmm.

Nach der Lesung fragte ich Ernst Jandl, was er von einer Schallplatte seiner Gedichte halte, und er versprach, seinen Verlag zu fragen, was der davon halte. Zu meinem Glück hielt der Verlag nichts davon; und ich mußte eine Schallplattenabteilung einrichten, für die ich allerdings nicht einmal über Grundkenntnisse verfügte. So erschien *Laut und Luise* als Quartplatte und wurde ein Erfolg – 1968! –, als alle Zeichen auf Zwerenz standen. Wir haben natürlich nach den Gründen für diesen Erfolg geforscht, das Ergebnis aber zuerst geheimgehalten und dann nur dosiert an den Autor weitergegeben, weil es ihm offensichtlich nicht gefiel: die Platte war ein Hit unter Kindern (an der Spitze: *die tassen*). Da aber in der Folge die Kinder andere Kinder anstifteten, ihre Eltern zum Kauf der Platte anzustiften, verbreitete sich die Platte auch unter Erwachsenen, so daß wir langsam mit den Dosierungen gegenüber dem Autor aufhören und die Sprachregelung einführen konnten: ›Die Platte hat Erfolg bei Kindern *und* Erwachsenen.‹

Der Autor, der bürgerliche Verkehrsformen schätzt, hat mir das offenbar nicht vergessen. Denn Jahre später, in den Zeiten, in denen die deutsche Polizei gegenüber dem

Verlag vollends die bürgerlichen Verkehrsformen fahren ließ und seine vier Räume mit einem Dutzend Polizisten dergestalt besetzte, daß der Verkehr innen wie außen zusammenbrach (was wohl auch der Zweck dieser seltsamen Geländeübung war), da also, nach Abzug der Polizei und der Wiederherstellung der telefonischen Kommunikation, rief Ernst Jandl an, aus Wien, räusperte sich und fragte sehr förmlich: ›Herr Doktor, ich höre, bei Ihnen war die Polizei?‹ Ich bejahte, ebenfalls ganz förmlich, und er fuhr fort, nur um eine Winzigkeit weniger förmlich: ›Das tut mir aber leid!‹.

Wer sich erinnert, wie es um die Verkehrsformen in den mittleren siebziger Jahren bestellt war, wird nachfühlen können, wie sehr mich seinerzeit dieser Anruf Jandls getröstet hat.«

Dies zur damaligen wie heutigen sentimentalen Verfassung des Anthologisten.

Meine literarische Bewunderung für Jandl war freilich gleich stark, es war die Bewunderung für eine höchst unikale Mischung von linearer Struktur und anarchischem Inhalt, von ungewaschenem Volksmund und Strammstehen, von Kindsköpfig- wie Ernsthaftigkeit, Gossen- wie Bürokratensprache. Wohl war der Zusammenhang von Jandls Texten mit denen der »Wiener Schule«, mit Achleitner, Artmann, Rühm oder Bayer, unübersehbar, aber es war doch eine etwas entferntere Verwandschaft, so sah es auch Jandl selbst: Wenn Artmann der Großvater der Wiener Schule gewesen sei, so er ihr Onkel.

Danach hören aber alle Vergleiche oder Gemeinsamkeiten mit der österreichischen oder deutschen Literatur der Zeit auf; Jandl schloß sich weder einer Schule an, noch wurde er schulbildend. Ein (bis auf seine lebenslange Verbindung zu Friederike Mayröcker) einsamer Arbeiter mit unerhörter Aufmerksamkeit (um nicht zu sagen: Respekt) gegenüber der deutschen Sprache, ihrer Grammatik, ihrem Satzbau, ihren Nebenbedeutungen, Mißverständnissen und Verballhornungen, gegenüber jedem einzelnen Wort, ja, jedem einzelnen Ton.

Das ist das große Verdienst Jandls: uns nach politischem Mißbrauch und täglicher Schindluderei diese Aufmerksamkeit gegenüber dem Wort (dem so flottsch gewordenen) zurückgegeben zu haben. Und zudem noch heiter!

Jandl hat es so gesehen (in *dingfest*):

> ... er habe immer etwas zu sagen gehabt, und er habe immer gewußt, daß man es so und so und so sagen könne; und so habe er sich nie darum mühen müssen, etwas zu sagen, wohl aber um die art und weise dieses sagens. denn in dem, was man zu sagen hat, gibt es keine alternative; aber für die art und weise, es zu sagen, gibt es eine unbestimmte zahl von möglichkeiten. es gibt dichter, die alles mögliche sagen, und dies immer auf die gleiche weise. solches zu tun habe ihn nie gereizt; denn zu sagen gebe es schließlich nur eines; dieses aber immer wieder, und auf immer neue weise.

Lebensdaten

1925	Ernst Jandl wird in Wien geboren. Der Vater, Viktor Jandl (1894–1973), ist Bankbeamter, die Mutter, Luise Jandl, geborene Rappel (1902–1940), ist Hausfrau; beide schreiben. Ernst ist der älteste von drei Söhnen.
1935–43	Besuch des Gymnasiums in Wien
1943–46	Militär, Flucht, Gefangenschaft
1946–50	Studium der Germanistik und Anglistik in Wien, anschließend Gymnasiallehrer in Wien
1952–53	Aufenthalt in England (wie auch nochmals 1965)
1954	Beginn einer lebenslangen Freundschaft mit Friederike Mayröcker
1956	Der erste Gedichtband: *Andere Augen*
1966	*Laut und Luise* erscheint: »Ein Titel wie ›Laut und Luise‹ kommt nur einmal im Leben und man hat auch nur einmal im Leben eine Mutter, die Luise heißt ... Mach den Mund auf! hieß es von Vater und Mutter, nicht wenn ich essen sollte, sondern um mich das deutliche Sprechen zu lehren, und so bin ich viele Jahre später zu den Sprechgedichten gelangt ...« (E.J.) Erste Auftritte mit dem Duo Dieter Glawischnig und Ewald Oberleitner
1967	Erster öffentlicher Auftritt vor großem Publikum in Frankfurt am Main
1968	*sprechblasen.* Die erste Schallplatte: *Laut und Luise.* Beginn (mit Friederike Mayröcker) der Arbeit an Hörspielen. Hörspielpreis der Kriegsblinden für *Fünf Mann Menschen*
1970	*der künstliche baum.* Mit Friederike Mayröcker als Stipendiat des DAAD in Berlin
1971/72	Visiting German Writer an der Universität Austin, Vortragsreise durch die USA

1973 *dingfest.* Mitbegründer der Grazer Autorenversammlung

1974 *für alle. serienfuss.* Trakl-Preis

1975 Seit diesem Jahr kontinuierliche Vortragsreisen

1978 *die bearbeitung der mütze*

1979 Erste Lese-Aufführung des Stücks *Aus der Fremde* in der Berliner Schaubühne

1980 *der gelbe hund*

1983 *selbstportrait des schachspielers als trinkende uhr*

1984 Erste Auftritte mit Musikern des Vienna Art Orchestra. Großer Österreichischer Staatspreis, Büchnerpreis. Gastprofessur für Poetik an der Frankfurter Universität

1989 *idyllen*

1992 *stanzen*

1993 Kleistpreis

1996 *peter und die kuh.* Großes Goldenes Ehrenzeichen für Verdienste um die Republik Österreich

1997 *Gesammelte Werke in zehn Bänden*

2000 Ernst Jandl stirbt in Wien

Nachweise

Die Texte dieser Auswahl richten sich nach der von Klaus Siblewski im Luchterhand Literaturverlag in München 2016 herausgegebenen Gesamtausgabe *Werke in 6 Bänden*.

Der Titel des Mottogedichts auf Seite 7 lautet *versenken*, den in der Nachbemerkung von Klaus Wagenbach zitierten Text wählte Ernst Jandl als Motto des Bandes *dingfest*.
Das Umschlagphoto von Werner Bern ist selbstverständlich gestellt – Ernst Jandl schrieb zwar über ›Ottos Mops‹, hatte aber selbst keinen Hund. Für dieses Photo bat der Photograph, mit Unterstützung des Schriftstellers Gregor von Rezzori (selbst Besitzer dreier Möpse) über den österreichischen Rundfunk um Unterstützung – und zum Phototermin erschienen – felix austria – mehr als 15 Möpse mit ihren Besitzern. Jandl las *naturgemäß* das ›Amtsblatt zur Wiener Zeitung‹; das Photo entstand 1991 im Theatercafé in Wien.

Ausgewählt: die schönsten Texte im *SVLTO**

Brendan Behan Frau ohne Rang und Namen
Herausgegeben sowie aus dem Englischen und Irischen übersetzt und mit einem Nachwort von Hans-Christian Oeser
144 Seiten

Egon Erwin Kisch Aus dem Café Größenwahn
Berliner Reportagen
144 Seiten mit zahlreichen Abbildungen

Egon Erwin Kisch Das Lied von Jaburek
Prager Reportagen
144 Seiten mit zahlreichen Abbildungen

Luigi Malerba Die nachdenklichen Hühner
Vollständige Ausgabe aus letzter Hand
Aus dem Italienischen von Iris Schnebel-Kaschnitz und Elke Wehr
88 Seiten mit Zeichnungen von Lena Ellermann

Erich Fried Gründe Eine Auswahl aus dem Gesamtwerk
Herausgegeben von Klaus Wagenbach
168 Seiten

Graham Greene Heirate nie in Monte Carlo
Aus dem Englischen von Ernst Laue und Ilse Walter
120 Seiten

Domenico Starnone Im Vertrauen
Aus dem Italienischen von Martin Hallmannsecker
168 Seiten

Johannes Bobrowski Mäusefest
Erzählungen
144 Seiten

Fernando Pessoa Ein anarchistischer Bankier
Übersetzt und mit einem Nachwort versehen von Reinhold Werner
96 Seiten

Edith Sitwell Englische Exzentriker
Aus dem Englischen von Kyra Stromberg
160 Seiten

*Rotes Leinen mit Prägung und aufgeklebtem Schildchen. Fadengeheftet. Durchgefärbtes Vorsatzpapier.

Kunstsprünge im *SVLTO*

Alan Bennett See you later
Aus dem Englischen von Ingo Herzke
112 Seiten mit vielen Abbildungen

Giorgio Vasari Jeder nach seinem Kopf
Die verrücktesten Künstlergeschichten der italienischen Renaissance
96 Seiten

Vincent Almendros Ein Sommer Auch eine Liebesgeschichte
Aus dem Französischen von Till Bardoux
96 Seiten

Alexandre Labruffe Erkenntnisse eines Tankwarts
Aus dem Französischen von Cornelius Wüllenkemper
144 Seiten

Guido Beltramini Palladio Lebensspuren
Aus dem Italienischen von Victoria Lorini
120 Seiten mit Abbildungen

Alexander Kluge Personen und Reden
Lessing – Böll – Huch – Schiller – Adorno – Habermas – Müller – Augstein – Gaus – Schlingensief – Ad me ipsum
144 Seiten

Hans von Trotha Der englische Garten
Eine Reise durch seine Geschichte
144 Seiten mit vielen Abbildungen und einer Karte

Heinz Berggruen Die Kunst und das Leben
Schnurren, Erinnerungen, Portraits
144 Seiten mit Abbildungen

einer raus, einer rein
erschien im August 2006 als 139. *SVLTO.*

5. Auflage 2025

Verlag Klaus Wagenbach GmbH, Emser Straße 40/41, 10719 Berlin
www.wagenbach.de   mail@wagenbach.de

Umschlaggestaltung Julie August unter Verwendung
des Photos *Ottos Mops kotzt* © Werner Bern, Berlin
Gesetzt aus der Imago. Vorsatzpapier von peyer cover gmbh,
Leonberg. Leinen von Gebr. Schabert, Strullendorf. Gedruckt
und gebunden bei Beltz Grafische Betriebe, Bad Langensalza
Printed in Germany.

ISBN 978 3 8031 1238 5

9 783803 112385